Jürgen G. Nagel

Gewürze –

eine Geschichte zwischen Asien und Europa

Inhaltsverzeichnis

Die Reichtümer des Ostens

In Europa ist seit Jahrtausenden eine Vielzahl an Gewürzen von unterschiedlicher Herkunft und mit verschiedenen Funktionen in Gebrauch. Heute denken wir vornehmlich an die Aromatisierung von Speisen und in jüngster Zeit auch wieder verstärkt an medizinische Wirkungen. In früheren Zeiten war ein deutlich weiteres Spektrum an Eigenschaften von Gewürzen bekannt, sei es in der Konservierung von Lebensmitteln, sei es in der Anfertigung von Kosmetik oder auch bezüglich des Einsatzes in religiösen Kulten. So manche würzenden Pflanzen und Kräuter hatte Europa selbst anzubieten, doch reichte dies für den Bedarf offenbar nicht aus. Denn quer durch die gesamte Geschichte Europas zieht sich die besondere Bedeutung, die Gewürzen aus Asien zugemessen wurde. An erster Stelle stand dabei der Pfeffer, der in verschiedenen Regionen Süd- und Südostasiens angebaut wurde. Zimt wurde von der Insel Ceylon und Gewürznelken sowie Muskatprodukte (Nuss und Macis) wurden von den Molukken importiert. In geringerem Umfang waren auch Ingwer, Kardamom oder Safran Bestandteil des Handels. Ihre Bedeutung gewannen diese Gewürze jedoch nicht allein in Europas Kochtöpfen oder Kosmetiktiegeln; vielmehr waren sie geradezu von welthistorischer Relevanz, standen sie doch immer wieder an vorderster Front, wenn sich politische oder wirtschaftliche Bedingungen im globalen Zusammenhang änderten.

Die seit der Antike in Europa bekannten Gewürze aus Asien hielten in Griechenland zunächst in kultischen Zusammenhängen Einzug. Wohlgeruch ging noch vor Wohlgeschmack. Dies änderte sich jedoch bald, was Niederschlag in verschiedenen griechischen und römischen Schriften fand. Kochbücher wie das berühmte Werk von Apicius, begonnen im

Meyer's Zeitungsatlas – Verbreitungsbezirke der wichtigsten Kulturgewächse, 1850.

1. vorchristlichen Jahrhundert, schwelgten im Einsatz zahlreicher Gewürze, auch in großen Mengen. Von Plinius dem Älteren (23/24–79), dem scharfsinnigen Beobachter seiner Zeit, erfahren wir die hohe wirtschaftliche Bedeutung der Importgüter. Eine ganze Reihe Gelehrter klärte über den medizinischen Wert der importierten Gewürze auf, wie noch vor der Zeitenwende Aulus Cornelius Celsius (25 v. Chr.–50 n. Chr.) oder im 2. nachchristlichen Jahrhundert am römischen Kaiserhof Galenos von Pergamon (129–216). Und selbst in der Lyrik wurden Gewürze besungen, beispielsweise von Catull (84–54 v. Chr.)

Die begehrten Importgüter fanden ihren Weg nach Europa über Ägypten, das seit Jahrhunderten als Kunde asiatischer Gewürze etabliert war. Dahinter standen traditionsreiche Zulieferwege, die gerne unter dem Begriff »Seidenstraße«

zusammengefasst werden. Der Landweg unter diesem Namen war ein Karawanenweg, der eigentlich ein Bündel an Netzwerkstrukturen darstellte, die China über verschiedene Regionen Zentralasiens mit Südosteuropa und der Levante (heute Türkei, Zypern, Libanon, Syrien, Ägypten, Israel) verbanden. Zumeist wird davon ausgegangen, dass sie seit dem 2. Jahrhundert vor unserer Zeitrechnung genutzt wurde. Daneben existierten frühe Seeverbindungen, die »Seidenstraße der Meere«, entlang der asiatischen Küsten. Ein zentraler Umschlagplatz dieses Netzwerkes war schon in der Antike Hormus am Persischen Golf. Von hier wurden die letzten Etappen nach Europa ebenfalls mit Karawanen zurückgelegt.

Gegen Ende der Antike waren Gewürze aus Europa nicht mehr wegzudenken. Einheimische Kräuter konnten den bestehenden Bedarf auf keinen Fall decken. Daher überlebten die Anbindungen nach Asien den Untergang des Römischen Reichs ebenso wie den Aufstieg des Islams und die Kreuzzüge. In deren Nachgang gelang es den italienischen Seerepubliken, allen voran Venedig und Genua, den Gewürzhandel im östlichen Mittelmeer weitgehend unter Kontrolle zu bekommen. Der Weg in den Orient, dem Herkunftsort der würzigen Schätze, war nicht blockiert, auch nicht durch die Expansion des Islams oder die frühen Eroberungszüge der Osmanen. Aber er war teuer und wurde immer teurer. Nicht nur die Italiener, sondern auch zahlreiche Machthaber im Inneren Asiens wollten durch Abgaben mitverdienen. Hinzu kam die Notwendigkeit, Karawanen aufwendig abzusichern. All dies bedeutete steigende Transaktionskosten, die Gewürze immer mehr zum Luxusgut machten – und immer begehrter werden ließen.

Das östliche Mittelmeer. Eines der sechs Doppelbilder des Katalanischen Weltatlas, 1375.

Christen und Gewürze

Angesichts dieser misslichen Lage entwickelte insbesondere Portugal Interesse daran, sich einen eigenen Marktzugang zu den begehrten Gewürzen zu verschaffen. Schließlich versprachen diese Ende des 15. Anfang des 16. Jahrhunderts hohe Gewinne. Da die Portugiesen keinerlei Kontrolle über das Einfallstor asiatischer Waren nach Europa hatten, wurde die Erkundung völlig neuer Wege nach Asien erforderlich, sollte das Käufermonopol der italienischen Konkurrenz umgangen werden.

Es war jedoch nicht allein die Erwartung märchenhafter Reichtümer, die portugiesische Seefahrer gen Asien aufbrechen ließen, zumal sie zu dieser Zeit vielfach noch auf dem Prinzip Hoffnung beruhten. Vielmehr gingen solche Hoffnungen stets Hand in Hand mit der Vorstellung, eine Vorreiterrolle in der Verbreitung des Christentums einzunehmen. Schon zeitgenössisch ging die Formulierung um, dass die Suche »Christen und Gewürzen« galt. Hinter dem bekannten Horizont wurden die Reichtümer des Ostens, also edle Gewürze, aber auch Seide, Porzellan und Edelmetalle erwartet – genauso wie sagenumwobene Christen, die man seit der Antike aus den Augen verloren hatte, in die man jedoch große Hoffnungen als Bündnispartner gegen den großen Feind, »den Islam«, setzte. Vor diesem Hintergrund hatten sich Portugal und Spanien als die »katholischen Nationen« vom Papst im Vertrag von Tordesillas (1494) die Aufteilung der Welt in zwei Interessensphären garantieren lassen.

Um diese Hoffnung Wirklichkeit werden zu lassen, förderte insbesondere der Infant Dom Henrique de Avis (1394–1460), als »Heinrich der Seefahrer« in die Geschichtsschreibung eingegangen, ein ehrgeiziges Unternehmen. Es ging um nicht weniger, als das nautische Wissen der kleinen Seefahrernation

Vasco da Gama, Ankunft in Kalkutta im Jahr 1498. So wie sie sich der portugiesische Maler Alfredo Roque Gameiro (1864–1953) um 1900 vorstellte.

konsequent auszuweiten und dabei um Afrika herum den Weg nach Asien zu erkunden. Dass auch ein Weg nach Westen um den Globus herum denkbar war, war den Beteiligten durchaus bewusst. Im Gegensatz zu Kolumbus konnten die portugiesischen Experten allerdings die Entfernung auf diesem Weg und die damit verbundenen Gefahren realistisch einschätzen. Die Entscheidung fiel daher zugunsten des Seewegs um den afrikanischen Kontinent nach Osten. Schritt für Schritt wurden auf diesem Weg Stützpunkte in Westafrika angelegt, bis 1488 Bartolomeu Diaz (1450–1500) erstmals die Umsegelung des Kaps der Guten Hoffnung gelang. Zehn Jahre später erreichte schließlich Vasco da Gama (1469–1524) das lange gesuchte Ziel in Indien, wenn auch nur mit Unterstützung eines kenntnisreichen Navigators von der afrikanischen Swahili-Küste.

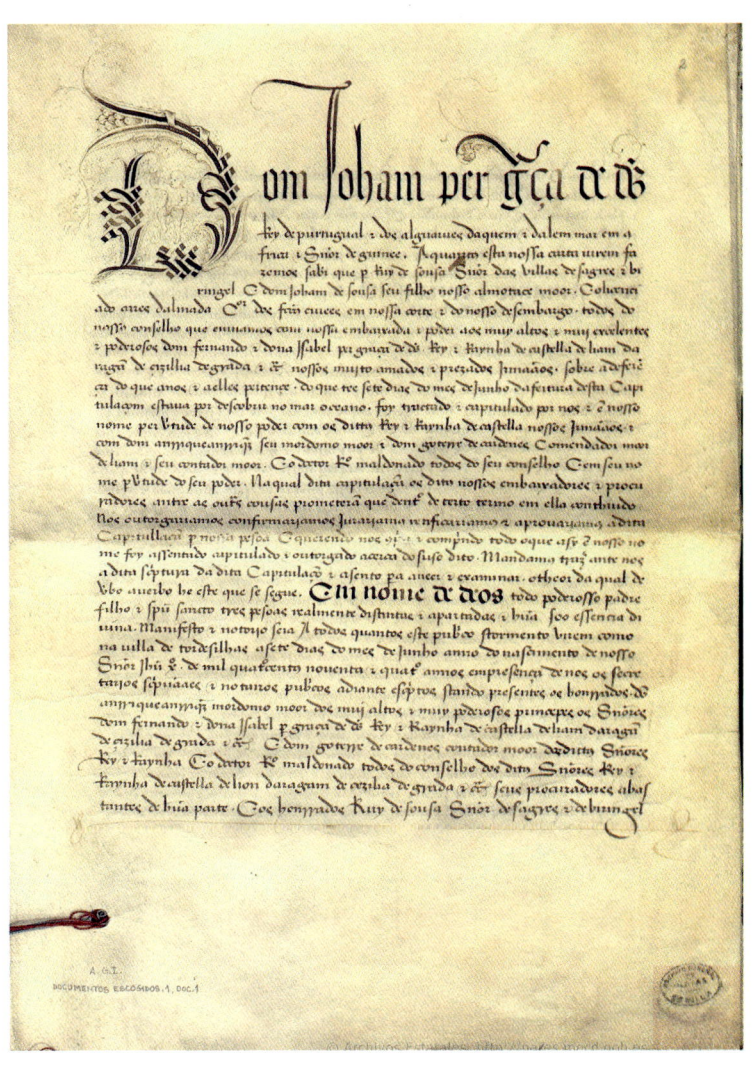

Vertrag von Tordesillas (portugiesische Version): Übereinkunft zwischen König Ferdinand II. von Aragonien und Königin Isabella I. von Kastilien und König Johann II. von Portugal zur Einrichtung einer neuen Grenzlinie zwischen Spanien und Portugal. Die Linie soll von Pol zu Pol, 370 Meilen westlich der Kapverdischen Inseln verlaufen, 1494.

Karte mit der Route von Europa nach Indien von Vasco da Gama.

Portugals Krone und Asiens Märkte

Die portugiesische Ost-Expansion und ihre Versuche, die führende Rolle auf dem globalen Gewürzmarkt zu erobern, blieb eine Angelegenheit der Krone. Aufgrund der großen Entfernungen, die eine schnelle Kommunikation zwischen Europa und den fernöstlichen Außenposten unmöglich machten, errichtete Portugal mit dem *Estado da India* eine eigene staatliche Organisationsform in Asien. Der Vizekönig an dessen Spitze wurde vom König ernannt und war ihm unmittelbar unterstellt; er verfügte über weitreichende, beinahe unbegrenzte Machtbefugnisse. Dennoch behielt im Zentrum die *Casa da India* die Oberhoheit über wirtschaftliche Entscheidungen.

Wikipedia Holger Uwe Schmitt

Der Turm von Belem, 1521 fertiggestellt, ist das Symbol des portugiesischen Anspruchs auf den Welthandel.

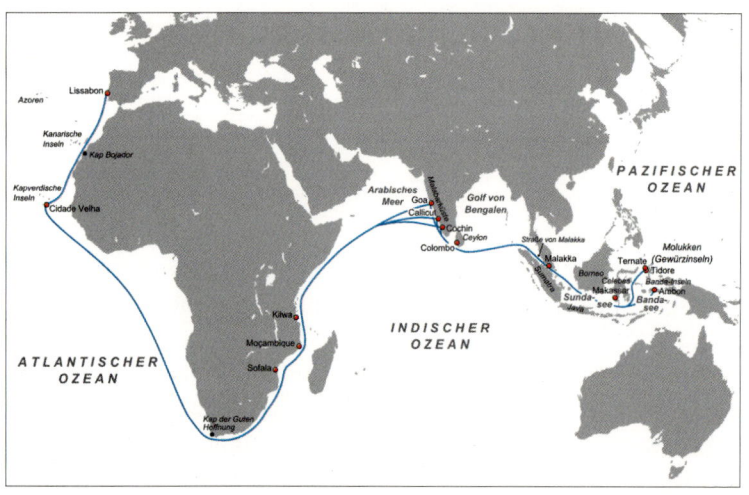

Karte der portugiesischen Gewürzroute im 15. und 16. Jahrhundert

Die leitenden Positionen in Asien, die Gouverneure an den Stützpunkten, die Festungskommandanten und die militärischen Befehlshaber, wurden ausschließlich von Angehörigen des Hochadels besetzt. Sie waren dem Vizekönig in Goa zugeordnet. Kaufmännische Qualifikation spielte in den Führungspositionen des *Estado* nur eine untergeordnete Rolle. Entsprechend war die portugiesische Anwesenheit in Asien machtpolitisch mit kaufmännischen Zielen.

Das Gerüst bildeten die Hafenstädte unter portugiesischer Kontrolle. Einen Teil davon verdankte der *Estado da India* militärischen Eroberungen. Mit Goa an der westindischen Küste wurde bereits 1510 das zukünftige portugiesische Zentrum in Asien unter Kontrolle gebracht. Das bereits in der Antike als Drehscheibe des Gewürzhandels bekannte Hormus am Zugang zum Persischen Golf wurde 1515 besetzt, nachdem bereits 1511 die maritime Metropole Malakka an der gleichnamigen Meeresstraße zwischen Sumatra und Malaysia erobert worden war. Abhängig von den vorherrschenden Monsunwinden, die eine Reise per Segelschiff vom Südchinesischen Meer bis ins Rote Meer in nur einer Saison nicht erlaubten, war Malakka der zentrale Umschlagplatz im Seehandel Asiens. Andernorts ging es etwas friedlicher zu. So wurde Macau, eigentlich nur ein kleiner Fischerort vor der südchinesischen Küste, 1557 als Zugang zum Reich der Mitte gepachtet. Darüber hinaus entstanden befestigte Handelsstationen, insbesondere auf den Molukken.

Mit diesem System wurde Portugal schnell zum wichtigsten europäischen Abnehmer von Gewürzen. Im asiatischen Gesamtmaßstab aber war der *Estado da India* nur ein kleinerer Player. Soweit sich die Mengen heute überhaupt noch nachvollziehen lassen, blieb im 16. Jahrhundert noch die große Mehrheit von Pfeffer, Nelken, Zimt oder Muskat in Asien. Eine zentrale Rolle als Abnehmer spielte nach wie vor China, aber auch der kleinräumige Warenaustausch innerhalb von Süd- und Südostasien blieb ein wesentlicher Faktor. Die Portugiesen begnügten sich dort, wo es opportun erschien, mit den Nischen, die in China oder Indien ohne größere Probleme besetzt werden konnten. Wo die eigenen Kräfte ausreichen, zögerten sie allerdings nicht, auch gewaltsam vorzugehen. Insofern war Portugal ein Player auf den Gewürzmärkten, der nicht zuletzt durch seine Rücksichtslosigkeit auffiel.

Zwar konnten Einzelfahrten nach wie vor Gewinnmargen von teilweise über 100 % einfahren, sodass schnell Neid und Begehren der westeuropäischen Konkurrenzmächte geweckt wurde. Das Geschäft erfüllte jedoch insgesamt nicht alle Erwartungen und deckte nicht alle Kosten. Zusätzliche Einnahmen wurden über das sogenannte Cartaz-System generiert. Händler, die im Einflussbereich des *Estado* Geschäfte tätigen wollten, wurden genötigt, portugiesische Häfen anzulaufen und ihre Waren dort zu verzollen. Dafür musste eine offizielle Zulassung in Form eines Passes (*cartaz*) erworben werden, der in portugiesisch beanspruchten Gewässern kontrolliert wurde. Im Gegenzug wurden Sicherheitsgarantien versprochen, die aber allzu oft nur auf dem Papier Bestand hatten. Vordergründig diente diese Maßnahme der Durchsetzung des portugiesischen Monopolanspruchs. Da das System allerdings von asiatischer Seite in der Regel nicht anerkannt wurde und nicht zuletzt aufgrund der geringen Präsenz portugiesischer Kriegsschiffe nur wenig Bedeutung entfalten konnte, handelte es sich letztendlich um kaum mehr als um staatliche Seeräuberei. Solche Vorgehensweisen hatten mit Gewürzen nicht mehr viel zu tun, jedoch repräsentieren sie einen ersten schweren Eingriff Europas in das asiatische Handelssystem.

Auch wenn sich die Erzählung von der portugiesischen Seeherrschaft auf dem Indischen Ozean, im Malaiischen Archipel und auf dem Südchinesischen Meer bei näherem Hinsehen als Legende entpuppt, gibt es keinen Grund, die portugiesische Rolle in Asien als völlig unbedeutend zu bewerten. Immerhin blieb der *Estado da India* bis in das frühe 17. Jahrhundert hinein finanziell autark. Er hatte sich durchaus als Bestandteil des komplexen asiatischen Handelssystems etabliert, wenn auch nicht als Monopolist. Seine Bedeutung verlor er nicht durch asiatische Gegenwehr, schließlich war seine Beteiligung am Handel für viele lukrativ, sondern erst durch europäische Konkurrenz. In Europa ging in Sachen Gewürzhandel sowieso nichts mehr ohne Portugal. Dem italienischen Levantehandel hatte das kleine Königreich den Rang abgelaufen; die Versorgung der europäischen Märkte mit den lukrativen Gewürzen lief wesentlich über Lissabon. Dort schloss die Krone mit Kaufleuten Verträge für den weitergehenden Handel in Europa, mehrheitlich über Antwerpen, die feste Preisvorgaben beinhalteten. Es gehört zur Ironie der Geschichte, dass ausgerechnet diese Vorgehensweise den Bedeutungsverlust Portugals in Asien einläutete.

Oktroi und Charter – Europas innovative Konkurrenz

Die aufsteigenden Handelsmächte Westeuropas, allen voran England und die Niederlande, suchten daher ihrerseits Befreiung von der bestehenden Vormachtstellung Portugals. Mit den privilegierten Handelskompanien (*chartered companies*) sorgte eine institutionelle Innovation dafür, dass diese auch gelingen konnte. Ab 1595 entstanden in den Niederlanden einzelne Handelskompanien zu dem Zweck, einen Anteil am Gewürzhandel zu erobern. Diese sogenannten *voorcompagnien* führten erste Einzelfahrten nach Asien durch und konnten bereits beeindruckende Gewinne erzielen, die sich in Europa schnell herumsprachen. In Erwartung großer Konkurrenz

Wikipedia

Abraham Storck (1644 – 1708) *Die Insel Onrust bei Batavia* (Jakarta), 1699.

wurden die *voorcompagnien* 1602 auf Druck der niederländischen Generalstaaten in der *Verenigden Oostindischen Compagnie* (VOC) zusammengeschlossen. Die neue Kompanie zeichnete sich durch einen gemeinsamen *joint stock* aus, verfügte also über eine dauerhafte Kapitaleinlage. Bereits zwei Jahre zuvor war in England auf königliche Veranlassung die *East India Company* (EIC) gegründet worden, die allerdings erst 1652 einen *joint stock* erhielt.

Die Charter bzw. das Oktroi (Privilegienbrief), ausgestellt durch den jeweiligen Staat, garantierte den Kompanien das Monopol auf den Asienhandel und damit auf das Geschäft mit Gewürzen. Allerdings bezog sich dieses Monopol allein auf den Wirtschaftsraum, auf den der Staat, der die Privilegien aussprach, Einfluss nehmen konnte. Die EIC hatte insofern die staatliche Garantie, als einziges englisches Unternehmen Asienhandel betreiben und als einziger Anbieter asiatischer Waren auf dem heimischen Markt auftreten zu dürfen. Gleiches gilt für die VOC in den Niederlanden. Auch in der Heimat war diese Stellung nicht unumstritten, aber immerhin vom Staat garantiert. Im Operationsgebiet in Asien jedoch war sie zunächst einmal nur ein Anspruch, der dort weder verstanden wurde noch gegenüber asiatischen Herrschern und Händlern ohne weiteres realisierbar war. Für niemanden in Asien waren solche Vorgaben in irgendeiner Form bindend. Wenn die Kompanien also ein Monopol durchsetzen wollten, waren sie entweder darauf angewiesen, Gewalt und Eroberung einzusetzen, oder ein Käufermonopol zu errichten.

Einerseits handelte es sich bei den Kompanien um »moderne« Kapitalgesellschaften, andererseits waren sie aber auch Kinder ihres Zeitalters, das durch Absolutismus und Merkantilismus gekennzeichnet war. Um das angestrebte Ziel, eine Vormachtstellung im Handel mit Gewürzen und anderen Luxusgütern aus Asien, zu erreichen, erhielten sie eine Ausstattung, die weit über die Möglichkeiten einer reinen Kapitalgesellschaft hinausgingen. Sie hatten das Recht, eine bewaffnete Flotte und eine eigene Armee aufzustellen, sie verfügten

Nachbau der Amsterdam. Die Amsterdam war ein Handelsschiff der Niederländischen Ostindien Kompanie, 1749.

über eine autonome Rechtssprechung im Inneren und uneingeschränkte Vertragsfähigkeit nach außen. Mit dieser Ausstattung konnten sie als Quasi-Staaten in Asien und am Indischen Ozean auftreten. Auch wenn es noch eine Weile dauerte und die Entwicklung schrittweise voranging, veränderten sie den Gewürzmarkt dort grundlegend.

Wikipedia Arne Müseler / www.arne-mueseler.com

Die portugiesische Festung »A Famosa« gebaut 1511 in Malakka, Malaysia.
1641 von Niederländern erobert.

Ein Monopol wird angestrebt

Das erwünschte Monopol musste also von den Ostindienkompanien erkämpft werden. Dies erforderte Auseinandersetzungen auf zwei Ebenen. Zunächst ging es um die europäische Konkurrenz untereinander. Portugiesen und Spanier waren seit rund einem Jahrhundert am asiatischen Markt beteiligt; Engländer und Niederländer suchten nun gleichzeitig ihren eigenen Zugang – Franzosen, Dänen oder Schweden sollten bald nachziehen. Die Ausstattung der Kompanien ermöglichte es, die Portugiesen effektiv zu bekämpfen und gegen die unmittelbare westeuropäische Konkurrenz mitunter drastisch vorzugehen. Vor allem England verdrängte die Portugiesen aus Indien mit Waffengewalt. Hormus wurde 1622 im Bündnis mit dem persischen Schah eingenommen. Die Niederländer eroberten 1641 Malakka, den wichtigsten Kontrollpunkt im Ost-West-Handel und damit das Herzstück des portugiesischen Einflusses. An nennenswertem portugiesischem Besitz blieben bald nur noch Goa und Macau übrig, die weitgehend isoliert in der asiatischen Handelswelt dastanden. Untereinander bekämpften sich EIC und VOC im Malaiischen Archipel, wo es um den direkten Zugriff auf die Gewürzinseln ging. Hier setzten sich letztendlich die Niederländer durch, auch wenn das Massaker von Amboina (1623), bei dem auf der molukkischen Gewürzinsel mehrere Besatzungsmitglieder der zerstörten EIC-Station zu Tode kamen, propagandistisch überbetont wurde. Die EIC konzentrierte sich auf den indischen Subkontinent und die Textilwirtschaft. Immerhin hatte sie auch in Indien Zugriff auf den Gewürzhandel, der in vielen Hafenstädten Umschlagplätze hatte und zudem eigene Produkte wie Pfeffer anbieten konnte.

Gegenüber ihrer asiatischen Konkurrenz entwickelten die Kompanien verschiedene Strategien, jeweils angepasst an die Situation vor Ort. Dazu gehörte auch gewaltsames Vorgehen. Die VOC eroberte nacheinander drei der wichtigsten Gewürzumschlagplätze des Malaiischen Archipels: Malakka auf der Malaiischen Halbinsel (1641), Makassar auf Sulawesi (1666–69) und Bantam auf Java (1682). Hinzu kam die Gründung der Zentrale Batavia auf Java. Zu den Eroberungen zählten auch die Banda-Inseln, die Herkunftsregion der extrem teuren Muskatnuss. 1620 wurde die dortige Bevölkerung von VOC-Söldnern ermordet oder versklavt und deportiert. Zum Anbau der Muskatnüsse wurden niederländische Plantagenbetreiber angesiedelt. Der erste Genozid der europäischen Expansionsgeschichte hatte stattgefunden. Seine ökonomischen Auswirkungen wurden noch um eine gelungene Marketingstrategie der VOC, die Muskatnuss von dort als einzig richtige zu etablieren, ergänzt. Waffengewalt, wenn auch nicht mit so

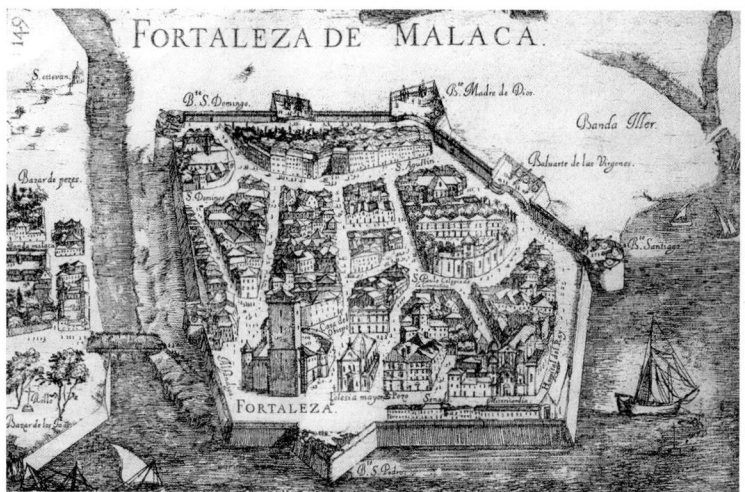

CPA Media Pte Ltd / Alamy Stock Foto 2B02C83

Im April 1511 stach der portugiesische Eroberer Afonso de Albuquerque mit einer Flotte von 17 oder 18 Schiffen und etwa 1 200 Mann von Goa aus in Richtung Malakka in See. Er eroberte die Stadt am 24. August 1511. Malakka wurde zu einem strategischen Stützpunkt für die portugiesische Expansion in Ostindien.

katastrophalen Auswirkungen für die Bevölkerung, kam auch der Festsetzung der Niederländer auf Ceylon zum Einsatz, als es 1658 um die Vertreibung der Portugiesen und die Kontrolle über den hochwertigsten Zimt in Asien ging.

Im Bereich der Nelkenproduktion etablierte die VOC eher ein Käufermonopol, als dass sie zu Eroberungen griff. Auf Ternate, Tidore und Amboina in den Molukken unterhielt sie Faktoreien, die mit der Drohkulisse der eigenen Militärmacht im Rücken als einzige relevante Aufkäufer auftreten konnten. Flankiert wurde die Vorgehensweise zur Monopolisierung des Nelkenmarktes um den gewaltbasierten Versuch, Produktionsstätten außerhalb der eigenen Kontrolle zu zerstören (*exstirpatien*) und gegen unerwünschte Händler Kriegszüge durchzuführen (*krijstochten*).

Wenig Erfolg verzeichnete hingegen der Versuch der Monopolisierung von Pfeffer. Dafür waren die Produktionsstätten und Herkunftsorte zu weit verstreut. Dennoch waren die Kompanien die finanzstärksten Käufer, weswegen sie auf diesem Markt ebenfalls eine wesentliche Rolle spielten und bedeutende Mengen Pfeffer aus Indien, Sumatra, Borneo oder der Malaiischen Halbinsel aufkauften.

Bereits die Nachfrage der Portugiesen hatte die Gewürzpreise mancherorts deutlich in die Höhe getrieben, was die Ostindienkompanien nur noch verstärkten, zumal teilweise gezielt der Versuch unternommen wurde, ein gesamtes Marktangebot aufzukaufen. Die europäische Nachfrage sorgte darüber hinaus für eine Ausweitung des Angebots. Die Europäer versuchten dem entgegenzusteuern, indem höhere Qualitätsansprüche an die Gewürze, die in ihrem Interesse lagen, gestellt wurden.

Als sich die Epoche der Kompanien im späten 18. Jahrhundert ihrem Ende zuneigte, hatten sie den asiatischen Handel maßgeblich geprägt und schrittweise umgestaltet. Sie waren nun die größten Player auf dem Gewürzmarkt. Sie hatten die zugehörigen Warenströme strukturiert und die Grundlagen für zukünftige Entwicklungen gelegt. Diese bewegten sich

Hafenarbeiter entladen Tee in London Docks, 1889.

einerseits hin zur kolonialen Herrschaft, welche die EIC in weiten Teilen Indiens und die VOC zumindest auf Java sowie den Molukken in ersten Ansätzen etabliert hatten. Andererseits wurden neue Wirtschaftsfelder von einschneidender Bedeutung etabliert. Verwiesen sei nur auf den englischen Chinahandel, der vornehmlich auf Tee ausgerichtet war, im Gegenzug jedoch Opium als innerasiatische Handelsware regelrecht salonfähig gemacht hatte.

Ein Monopol wird unterlaufen

Die Niederländer unternahmen massive Maßnahmen, unliebsamen Gewürzhandel zu unterbinden. Angesichts der Größe des innerasiatischen Marktes dürfte es keine Überraschung sein, dass sich Handelsschiffe außerhalb der europäischen Kontrolle bewegten und Anbaugebiete jenseits des europäischen Einflusses florierten. Während Europa in Asien eine zunehmende Dominanz entwickeln konnte, kam es zugleich zu zahlreichen Ausweichbewegungen sowohl im Anbau als auch in Transport und Handel von Gewürzen. Die Bedeutung des klandestinen Handels kann kaum seriös beziffert werden, doch finden sich viele Indizien für diese Entwicklung, die nur aus europäischer Sicht eine Schattenwirtschaft darstellte.

Anbau von Gewürznelken und Muskatnüssen fand im Malaiischen Archipel keineswegs nur auf den von den Niederländern kontrollierten Inseln statt. Hinweise in den Quellen und die Vorgehensweise der VOC selbst legen nahe, dass sogar innerhalb der Inselwelt der Molukken solche Kulturen existierten. Die immer wiederkehrenden *exstirpatien* legen Zeugnis dafür ab, ebenso wie die Schiffsladungen von Gewürzen, welche die Kompanie regelmäßig in den malaiischen Gewässern aufbrachten. Die Zusammensetzung solcher Schiffsladungen belegt zudem, dass auch alternative Zimtsorten, die nicht aus Ceylon stammen mussten, in Asien außerhalb der niederländischen Kontrolle gehandelt wurden.

Verschiedene Diasporagruppen, die weit entfernt von ihrer Herkunft ansässig waren und dort ihre Handelsnetzwerke aufbauten, wurden zu wesentlichen Trägern solcher Handelsverbindungen jenseits europäischer Kontrolle. Makassaren und Bugis aus Sulawesi lebten im gesamten maritimen Südostasien in der Verstreuung und nutzten ihre Netzwerke zum

Handeln. Die chinesischen Kaufleute waren als Aufkäufer von Gewürzen in und östlich der Straße von Malakka präsent. Weitere Gruppen, wie die Seenomaden, beteiligten sich »unter dem Radar« der Europäer an den Handelsnetzwerken oder bewegten sich ganz außerhalb der Sichtweite der Kompanien wie die Karawanen auf der weiterhin genutzten Seidenstraße. Die Europäer selbst waren im Rahmen des sogenannten *country trade* auch im innerasiatischen Handel beteiligt, verschifften jedoch die erworbenen Gewürze im Wesentlichen nach Europa. Dennoch war die Gewürzzufuhr für China nie unterbrochen, denn Bezugsquellen gab es genug.

Im Operationsgebiet der Kompanien war zudem die Verlagerung von Warenumschlagplätzen zu beobachten. Selbst in den europäisch kontrollierten Häfen war immer Handel möglich, der von den Stadtherren als »illegal« angesehen und als »Schmuggel« verfolgt wurde. Nie hatten die europäischen Stadtherren Zugriff auf tatsächlich alle Areale des urbanen Raums. Daneben entstanden neue, teilweise nicht-urbane Plätze für den Güteraustausch, die auf Inseln oder in Buchten angesiedelt waren, die bislang keine Rolle gespielt hatten.

Wikipedia Sigismund von Dobschütz

Gewürze in Jiayuguan, China

Europa ändert seine Prioritäten

In Europa ist die Bedeutung der Gewürze nie verschwunden. Aber gerade im Laufe des 18. Jahrhunderts veränderte sich das Konsumverhalten deutlich und ließ die wirtschaftliche Bedeutung der asiatischen Gewürzimporte sinken. Der Geschmackswandel in den europäischen Küchen wurde schon zu Beginn der Neuzeit in Italien eingeleitet und fand über Frankreich weite Verbreitung in Europa. Er stand unter dem Einfluss der orientalischen Küche, in der mehr Wert auf die Feinheit der Aromen und den Eigengeschmack der verwendeten Produkte gelegt wurde als auf einen massiven Gewürzeinsatz. Eine Ausrichtung, die sich im 18. Jahrhundert in Europa endgültig durchsetzte, unterstützt durch die wachsende Bedeutung von Kochbüchern.

Gleichzeitig sorgte das gerade im Zeitalter der Kompanien verbesserte Angebot auf den europäischen Märkten für sinkende Preise. Die preiswerter gewordenen Gewürze wurden zum Bestandteil des Alltagskonsums. Sie verloren damit ihre exotische und luxuriöse Aura, die für die hohen Preise und Gewinnspannen gesorgt hatte. Das gute Geschäft mit ihnen hatte durch diesen Kreislauf langfristig dazu geführt, dass der Gewürzhandel seine Rolle als Leitsektor des Asienhandels verlor. Der Wandel in der Gewürznachfrage ließ andere Produkte die Oberhand gewinnen. Zunächst waren es Textilien aus Baumwolle und Seide, die lukrativere Geschäfte versprachen als Gewürze. Später kamen Plantagenprodukte wie Kaffee und Tee hinzu. An den feinen Tafeln setzten sich andere Geschmäcker und damit andere Genussmittel durch. Spätestens im Laufe des 19. Jahrhunderts wurde diese elitäre Küche popularisiert und fand breite Nachahmung in der Gesellschaft. Neue Möglichkeiten bei der Konservierung von Lebensmitteln oder neue

Methoden in der Medizin taten das ihre dazu, den Einsatz exotischer Gewürze zu schmälern. Schließlich sorgte die aus Frankreich stammende *Grand Cuisine* zu Beginn des 20. Jahrhunderts dafür, dass Extravaganz und pompöse Aufmachung nicht mehr das Ideal der Kochkunst darstellten.

Die europäischen Handelsmächte der Frühen Neuzeit reagierten in unterschiedlicher Weise auf diese Entwicklungen. Während England und die EIC neuen Trends folgten und beispielsweise Tee zu einem wesentlichen Handelsgut machte, hielten die Niederlande und die VOC viel zu lange am Gewürzhandel als Hauptgeschäft fest. Dadurch kam die Handelsbilanz der Kompanie in Schieflage und die Schulden nahmen überhand. Die VOC verlor ihre herausragende Stellung in der nach wie vor kaufmännisch geprägten niederländischen Gesellschaft und ging 1798 letztendlich pleite – während ihr englischer Hauptkonkurrent auf dem Weg zu einer Kolonialagentur war, die nur noch wenig direkt mit Handel zu tun hatte.

Das 18. Jahrhundert erlebte insbesondere in England lebhafte Debatten um den Freihandel, in denen sich die Gegner der Kompanien und ihres Monopolanspruchs immer lauter positionierten. Auch wenn es mehrere Jahrzehnte dauerte, setzen sich diese schlussendlich durch; die Kompanien verloren ihre Privilegien und der Gewürzhandel wurde in Europa zugunsten von privaten Handelshäusern liberalisiert.

Das Ende der Monopolisten

Auch in Asien endete das – sowieso stets löchrige – Monopol im Laufe des 18. Jahrhunderts. Während die Macht der VOC schwand und sich die EIC andere Schwerpunkte suchte, drängten sich andere europäische Interessenten in den Markt, nicht nur als Käufer, sondern auch mit dem Ziel, sich selbst am Anbau zu beteiligen. Eine besondere Rolle kam dabei den Franzosen zu, welche die Konzentration des Nelkenanbaus auf die Molukken beendeten.

Im Jahr 1770 gelang es Pierre Poivre (1719–1786), dem Intendanten der französischen Kolonien Mauritius und Réunion, heimlich Setzlinge von Gewürznelken und Muskatpflanzen aus den Molukken zu entwenden und auf die französischen Kolonien im Indischen Ozean zu bringen. Hier entstand ein neues Anbaugebiet für die so lange begehrten und für Europa monopolisierten Gewürze unter französischer Herrschaft. Mauritius und Réunion wurden zu wesentlichen Anbaugebieten. Damit wurde das Monopol der VOC im Gewürzhandel nach Europa beendet. Mauritius hingegen wurde zu einem Zentrum des Pflanzenaustauschs und des Wissens über die Kultivierung von Gewürzen. Über den französischen Teil des Indischen Ozean wanderte der Anbau von Muskat und Gewürznelken sogar bis nach Südamerika und in die Karibik. Ergänzt wurde das neue französische Gewürzimperium um den Anbau der amerikanischen Vanille seit Mitte des 19. Jahrhunderts, die vor allem auf Réunion eine neue Heimat fand.

Neben den Anbaugebieten diversifizierten sich Produzenten und Kaufleute. Mit der Liberalisierung des Marktzugangs und dem Bedeutungsverlust bzw. Untergang der Kompanien betraten neue Protagonisten die Bühne. Unabhängige Kaufleute und Joint Ventures, teilweise auch in europäisch-asiatischer

Kooperation, organisierten nun den Gewürzhandel. Hamburger Kaufleute, die ihre asiatischen Waren bis dahin vornehmlich aus den Niederlanden bezogen hatten, traten nun unmittelbar auf den Märkten Asiens in Erscheinung. 1794 wurden erstmals Direktimporte aus Kalkutta und Manila in Hamburg verzeichnet; 1797 fuhr dann das erste Hamburger Handelsschiff nach Kanton.

Der Anbau von Gewürzen wurde in das koloniale System integriert, das sich nun rasch in Asien und andernorts ausbreitete. Größere Plantagen gewannen als Produktionsstätten an Bedeutung, ebenso kapitalkräftige Betreiber oder auch Kapitalgesellschaften als Investoren. Im Arbeitskräfteeinsatz auf den Plantagen folgte das System der Kontraktarbeit der Sklaverei. Flankiert wurde die Entwicklung von den Zwangsmaßnahmen des kolonialen Staats. In Niederländisch-Indien wurde landwirtschaftliche Produktion staatlicherseits durch das sogenannte *kultuurstelsel* reglementiert, das dafür sorgte, dass auch private Bauern in dem Umfang weltmarktfähige Produkte lieferten, der von der Kolonialmacht gewünscht wurde. In diesem System waren jedoch diejenigen Gewürze, die drei oder vier Jahrhunderte zuvor die Europäer veranlasst hatten, schrittweise ein globales Handelssystem umzustrukturieren, nur noch ein Produkt unter vielen – und nicht mehr das ausschlaggebende.

Zum Schluss

Dennoch verloren Gewürze nie ihre Bedeutung, und zwar bis heute nicht. Auch wenn bei weitem nicht mehr so intensiv gewürzt wird wie am Übergang von Mittelalter zur Neuzeit, als der Bedarf an Würzstoffen Seefahrer rund um Afrika trieb, stehen heute Gewürze in nie geahnter Vielfalt den Verbrauchern zur Verfügung. Im Zuge der Globalisierung mit ihren Möglichkeiten der Fernreisen und der grenzenlosen Versorgung mit Informationen fanden die Küchen der Welt ihren Weg an den heimischen Herd. Die Nachfrage gilt nun weniger immensen Mengen als einer weitreichenden Palette. Die *haute cuisine* tut das ihre als Vorbild in dieser Renaissance feiner Gewürze. Darüber hinaus spielt die gegenwärtige Wellness-Kultur eine beachtliche Rolle. Viele Gewürze werden als förderlich für Gesundheit und körperliches Wohlbefinden erachtet. Hier kam es zu einem Aufleben der Heilwirkungsdiskurse vergangener Zeiten.

Da die meisten Gewürze nicht überall gedeihen, bleibt Asien auch heute für ihre Produktion zentral – allerdings mit teilweise ganz neuen Strukturen, zu denen Monokulturen und globale Investoren gehören. Auch haben sich in manchen Bereichen neue Zentren etabliert. Pfeffer stammt heute neben den traditionellen Anbaugebieten in Indien, Indonesien und Malaysia auch aus Vietnam und Brasilien. Muskat wird neben Indonesien mit den größten Anteilen in Indien und Guatemala angebaut. Und zu den vier mit Abstand größten Produzenten von Zimt zählt nicht nur Sri Lanka, sondern auch Indonesien, Vietnam und allen voran China. Nur die Gewürznelken stammen weiterhin im Wesentlichen aus Indonesien.

Die Geschichte der Gewürze Asiens ist seit Jahrtausenden eine globale Geschichte. Die europäischen Expansionsmächte hatten einen entscheidenden Anteil daran, die Globalisierung

Eine Auswahl an Chilischoten zum Verkauf in Yogyakarta, Java.

der Gewürze voranzutreiben. Sie waren jedoch nicht die einzigen Akteure einer Geschichte, die sich zunächst zwischen Europa und Asien abspielte und letztendlich die ganze Welt einbezogen hat.